Poesie

Graziano D'Urso

2020

- "c'è un invasamento ed una follia,
che provenendo dalle muse
s'impossessa di un anima pura e gentile,
la desta e la riempie di furore
mediante canti ed altri componimenti poetici,
e con le innumerevoli gesta degli antichi,
educa i posteri" –

Platone, Fedro 245°

Poesie

Lulu.com, Morrisville, NC.

ISBN: 978-0-244-56415-5

Graziano D'Urso
POESIE

INDICE

SONETTI

Graziano D'Urso
POESIE

I - Proemio

Chesto dato tra voi non è 'l mio tempo
com' ei che fu ante di popolo privo,
et in tal modo fortemente campo
sine un ombra d' alcun gäudio io scrivo;

Mi prese como un tüono co 'l lampo
ca da quel momento sì peggio vivo,
che l'alta torre del castello i' rompo
(per suggerimento di Guido arrivo).

Sì com il mi' alto novo et magno mastro
perso et disperato in oscura nocte
et pöi ritrovata in fin la luce,

prego affinchè lungi da me chell'astro
como un tempo me feci da Macte
ca lei a sicura Morte non adduce.

II

In loro quanto pianto e quanta speme
non quietaron tanto disio per ella,
sì da sempre sembra ca' loro geme
'l core per tal anima et clara et bella;

'N si pote protestar se lama preme
sine fio se non sol per amar quella,
ca ad altri ha dato di gaudio seme
privando color di anima gemella.

Pochi hàn capito che sïa Amore
tanti hàn lottato per d' ei giöire
troppi han sofferto et non trovar sorte;

di questi ci fu c'ha donato l'core
pochi elli t'amo son sentiti dire
molti Follia hanno raggiunto o Morte.

III

Mi par che quando 'l sentimento move
et in inevitabile modo io ami,
l'core s'avvolge di spinosi rami
poiché l'pensiero d'ella mira altrove;

E' Inutile far che sguardo piove
pieni et speranti che lei mi ami
così i miei occhi di mestizia, infami
tentano guardando ch'ella sia dove.

Generalmente cosa che accade
è questa fra noi come meco amante
et non di un'unica volta temere,

quindi qualunque io ami clara beltade
sicuramente niente importante
è più di ciò che non posso avere.

IV

Fosti come astro in chiarità sereno
venuta ad illuminar l'anima mia,
et mostrandomi dell'empireo vïa
lasciando sotto me mortal terreno;

per chel pòco portasti nel tuo seno
'l core mïo per quanto ardente sia,
et come arrivasti, andasti vïa
sine lasciar d'Amor celeste freno.

Sì à inizio la discesa al giro basso,
me, non per volontade et ne per fato
abbandono sì cristalline et belle,

cose d'oltre vita sine peccato,
per andar a trovar me stesso lasso
o giusta strada a le lunge e alte stelle.

V

Giudici tutti et dotti magisteri,
invoco vöi, padri di Giustizia,
per dare a lor, cortesi cavalieri,
la degna compensa se non Letizia;

meritano forse per lor pensieri
et o per loro velata Malizia
alle senza nomi, celati interi,
inferta da ch'elle tanta Avarizia?

Perché 'l bramato corrisposto Amore
c'è uno ogni mille cognizioni date
et non quando vero che cinge l'core?

Forse perché le anime innamorate
mai saranno sature di Dolore
et pertanto dovràn restar celate.

VI

Poi sì venne 'l dì de ricordati giorni
ma non più la voglia di ritornare,
quanto 'l dolor süi occhi non più adorni
lungi dal penser di lei novo amare;

non più nöi dagli occhi schivi attorni
ca solo tu solevi nominare,
tu, che i mäestri dicon che non torni
mäi et mäi a miracol mostrare.

Arrivò sì uno dei düe momenti
ma sì 'l primo ante come 'l secondo
non sarà di fattezza tutto ingordo,

et quel momento dei giorni sì intenti
tra i giorni dell'amore giocondo
tutti tran de lo splendido ricordo.

VII – Turbine di passione

E' forse m'ha colpito il voi sorriso,
Ma altrettanto semplice fu il vo' sguardo
A mostrarmi sì il quale il paradiso
Non tale se non sol da lì per vo' io ardo;

Uguale non so se fossi io per vöi
Elegante aurea dolce mia signora,
Là onde accompagnasti il mio cor e pöi
Ansi dolcemente fra l'aere e l'ora.

Turbine di passione! Quest'è l'nome
Idilliaco de l'amoroso pregio
A noi dal ciel soavemente donato;

Mirabil cherubino senso come
O albeggiante splendor candore regio
E' l'amor che notte e dì i'ho provato.

VIII – Altresì Emanuela

Ma chi è quella ragazza splendida?
Chi è mai quella dai biondi capelli,
Dai fulgenti e vitrei occhi così belli
E dalla sublime voce candida?

E' forse la più bella nei castelli
Delle principesse? Così intrepida
Da riscaldar la mia anima gelida
Portatami a volar tra mille uccelli?

Chi sarà mai quindi quella Bellezza,
Dal fare placido leggiadro e piàno
Quell'angelo caduto con cautela?

Quale anima di sì tanta purezza?
Per aver colto il cuore di Graziano
Chi se non altresì Emanuela?

IX – Sole nascente

Emana lei come sole nascente
Luce propria con aüra dorata,
Esprime energia così dolcemente
Da far vibrar l'are ch'è circondata.

Suona come celestiale sinfonia
Quella su'essenza delicatamente,
E capace di rubar la mia mente
Ed il mio cor, in soäve armonia.

Io ti amo, angelica adorata mia,
Da sempre, e certo continuamente
Sëi la mia immagine immacolata;

L'anima mia di te è innamorata,
legata a te così inscindibilmente
da fare di me e te una dolce poesia.

X – Concentrazione cristallina

Ma ti sei mai chiesta per me cosa sei?
Riferisco proprio obbiettivamente,
non domandi mai cosa per te farei?
Se non sai non mi sai profondamente!

Tu appari e sei come ciò che più vorrei!
Sei l'immagine reale e consistente,
Della gioia e desiderio travolgente
Della quale mai a meno io di te farei!

Sei proiezione sulla realtà vera
Della concentrazione cristallina
E sublime d'immensa felicità,

che si risplende come in primavera,
come stella più pura e serafina
che d'amor illumina l'immensità!

XI

Non so come fäi ogni dì, fulgente
mi fai innamorar di te senza stasi;
aderente incondizionatamente a te,
sempre e ovunque e in tutti i casi.

Nuova, palesatasi ogne giorno
fresca e luminosa, mia principessa
sei raggiante oltremodo e tutta intorno
sei tal che il cuore l'intelletto vessa.

Sei della mia ispirazione il volume,
della mia musica finanche i suoni
e delle mie mete la più ambita:

delle mie quotidiane vie il lume,
il firmamento delle mie visioni
e l'alba della mia rinata vita.

XII

Splendi raggiante sul placido mare,
pur la vetta degli innevati monti
colpisci däi bronzëi orizzonti
pel tüo disarmante ardente amare;

in sconvolgente guisa 'l lume adonti
sicché in fronte a te può se adombrare
solo, e non più oltre ancor tentare,
allorché tu finanche il Sol sormonti.

Il firmamento per luce a te anela,
e caducasi ogne astro con te accanto
se tenta la fulgenza a te vicino;

Oh, mïa dolcissima Emanüela
se non ti vedo è per me tramonto,
ma in fronte a te è l'alba del mattino.

XIII

D'aurëa preziosità le scintille
contemplande dalla raggiante aura,
ad aürora emanate vibranti
son da te sensando i cieli e l'arïa;

pur la natura correda glorïa
innalzando da flutti e fronde i canti
quando la visione tüa instaura
dagli stormi d'uccelli fin a mille.

Irrefutabil dovizia figuri
d'alta, sì chiara e genuina beltà,
che pur la vista obnubilata curi:

di magïa sorprendi la realtà,
di candore immagine raffiguri,
di ricchezza adorni l'immensità.

XIV

Ornata d'inafferabili note
e dell'impercepibili cromïe,
in foggia dello zefiro candida
ed ancora più del miele sublime

sei, palesandoti divina dote
sì che neppur le più dolci poesïe
descrivon tanta luce sì splendida
né in suoni o nei versi, né in rime.

Quali le parole e quali musiche
Abbisognan per tal magnificenza,
quali gli ori a perfezionar corredo?

D'aulica sì sfoggiante la cadenza
di preziosismi la figura arredo
fai colle movenze più angeliche.

XIV

Risplendon di luce quegli smeraldi,
riflette il sole la tua soave chioma,
e finanche il tempo la tua presenza
vibra, sì rarefacendo l'etereo.

Gli onirici più bei attimi son saldi
nel mio cuor, finanche nella mia essenza:
di primaverili fior è l'aroma
serafìn cristallizzante 'l sidereo.

La tua candida è sì dolce pelle
e bianca, e chiara come la Luna:
delicata come petali d'un fior.

Di qualsivoglia ricca gemma niuna
rifulge come il tuo sguardo, ch'eccelle
fra gli aneliti del più ardente Amor.

XVI

Così calda e chiara sabbia di spiaggia
incontri quella mite e placida onda
di quell'esteso e limpido mare
là, dove quel sole più illumina;

natural sublimità in qual foggia,
in quest'eterno insolubile amare,
prestasi fra cotanta riva bionda
ed i morbidi flutti che domina?

Dolce è la marea che t'accarezza,
in un soleggiato e sì forte abbraccio
in un vero ed eterno divenire,

fra la lattea schiuma e la fresca brezza,
fra le auree ghiaie del marinaro laccio,
là, dove c'è quell'infinito unire.

XVII

Verde, così da rispecchiar innanzi
a tutte tu le cose linfa e vita,
risplendi, come la marina flora,
come erbosi prati e fresche foreste.

Lo sguardo tuo finanche il Sol colora
e qualsivoglia luce che s'avanzi.
Germòglian trifogli fra le tue dita
ed ogni più soave fiore agreste.

Verde ed ardente fiamma son i tuoi occhi,
son della sostanza d'arcobaleno,
son della volontà dolce energìa:

candidi come della neve i fiocchi,
come dell'amor un messaggio pieno,
come dell'arte sublime magìa.

XVIII

Sentire te m'è chiaro e naturale
come per gli abitanti di quel mare
la limpida acqua, oppur la fresca aria
fra le piume dei viaggiator alati.

M'è fermo l'sentimento che non varia
nei bei tuoi profondi sguardi incantati,
nel prezioso legame spirituale,
nei tuoi gesti che mostrano l'amare.

M'è sì lucido l'percepire senso,
che con amor disegno in queste rime,
in ciò che solo insieme sprigioniamo:

quell'ardore che si palesa immenso,
che è messaggio sincero e sublime,
che dolcemente sussurro con "ti amo".

XIX – San Valentino

Carissimo splendente mïo amore
conosco quali dì son più attesi
contando questo tempo con speranza,
gioia, entusiasmo, fede e coraggio.

Sento in te il battito del mïo cuore
tutt'oggi, dopo sei anni e due mesi
della nostra sì costante fragranza,
rivolgendoti adesso questo omaggio:

con un sentimento che si raffina
da giorno a giorno, da sera al mattino,
io sussurro al tuo cuore piano piano

"Oh meravigliosa mïa Emulina,
tanti Auguri di Buon San Valentino,
dal - per sempre, e solo tuo - Graziano."

TERZINE

Graziano D'Urso
POESIE

I – A idem hoc

Chiedo che nel mio cantar sia inteso
per il mio tardo sic non di chesta era
finchè 'l mio vaneggiar sia vöi reso,

dato che 'l mio amor nato in primavera
et non dopo chesta, età fiorita,
viaggiò a trovar nei magni maestri vera

se non empirëa luce di vita
grande et somma pantera cristallina
depurata dal tempo et mai assopita.

Voglio dar importanza cherubina
a cotanta lucente altezza trona
che se non così, miro serafina;

non voglio celeste laurea corona
per tale bassezza in fine non tota
mia, ma rinovellata sì che sprona

mia libera lingua troppo remota
fruita e udita tanti sol traversati
quante son stelle da Saggezza Immota.

Quindi per i tanti pianti versati
che porteranno anche me nell'averno
canto dei miei sogni non sol sperati;

et i' neanche da 'l Buon Amore Eterno
né da rara musa o donna gentile
voglio una ispirazione, ma da Terno

Potere, protezione, per servile
mia divozione alla sua comedìa
finchè essa non me la renda senile.

Si parte a dar sfogo mia fantasìa
di meravigliosa alba paradiso
che ho reso tale et sì spero sìa.

Ricordo che iniziò con un sorriso,
se non naufrago in agitato errore,
quand' ancor non vedevo su quel viso

il mio più grande, alto et dolce amore.
Tale mi prese con tanta leggiadria,
e ingenuità del travagliato core

da portar completamente mente mia,
continuo penser et süa figura
sui miei occhi, da non trovar altra vïa.

Cotale è stata quinci sua bravura
da non farmi capire sua etade,
solo dopo cognizion duratura.

Mi catturò la sua calda beltade
bruna per la giovane lunga chioma,
stella mediterranea in veritade,

scuri per colore anche occhi, un pò ma
sì pieni di luce e alta meraviglia
da non poter distoglier sguardo com a

om che mira splendida süa figlia
pel sentimento che diverso prova
da semplice amor per da lunghe ciglia.

Altra sua virtù che prïa mi mova
son le sue piccole soffici mani,
che ogn'esser candide di lei trova

capaci di accarezzare altre mani
il mio viso et stringermi in süo petto,
degne di baci et di penseri sani.

Finor di sensi di tatto ho detto
et di vista ma non di mïo olfatto
che forse di tutti è 'l più benedetto:

pel suo profumo mi rendevo matto
inconfondibile tra mille odori
di tanto lo core ne faceva atto.

Forma angelica fra tanti tesori
terreni et materiali avia in anima
più che in corpo et nei süoi magni allori

lontana dal penser degli anziani ma
in cor suo, canto,di tanto in tanto
perdia parlando giovenile anima.

Perché Fato fece tanto rimpianto
et non dimencanza permanente
non sol col mïo ma anche col suo pianto?

Perché Caso portò la mïa mente
a restar convinto su quella stella
da non poter esser solutamente

afferrata et portata giù sì bella
da me come in cielo stava messa
et costringer me a fare tal novella?

Perché dubia Fortuna non fu stessa
com altre frecce d' Amore scoccate
in antecedenza tota rimessa?

Risposte in mio cor son sì solcate
ca dolor è inevitail a sentire
ma in ogni mò non l'ha dimenticate;

risposte da sempre state a udire
da più che vicini amici et fratelli
da principïo co 'l farmi capire.

Narro i dunca tra li miei castelli
di tappeti e arazzi a pavimenti
et mur ricoverti sine pomelli

di miei grandi sogni, per me non lenti,
di ciò che fu et che mäi sarà più,
et che mai doveva esser altrimenti.

Fu così che il mïo viaggio andato in giù
ebbe discesa lenta et dolorosa
vessato sì et tormentato per lo più,

a cäusa dell'astro su cui posa
sguardo mio troppo giovenile stato,
che sì nessuno similmente osa.

I giorni di paradiso ò passato,
tra celati eventi et giusti consigli,
ai quali tanto peso non ho dato,

"d'i et lëi di mondi diversi figli
una sola questa eguale memoria,
(ricordo tra gli ascoltati cantigli

che cancella distratta la stessa storia"
et disegna una realtà sì vana
per differenza d'età, sine gloria.

Ma nulla poté et ferita non sana
il Fato di fronte a tal genuitade
di un amor tale di stella lontana

c' adagiò 'l mio cor in fondo all'Ade
lungi da lei, et da sua figura
sì silenzioso per l'eternitade.

Da grande sogno a terribil tortura
'l animo mio discese in gran fretta
che non rimase altro che la päura,

päura di aver perso la via retta
päura di aver perso lei per sempre
päura della giovenile stretta.

Et neanche fortitudo più tempre
submissa a cotale inferto castigo
potëa dare né ora, et ne sempre

nïente di ciò che i' adesso diligo,
tra memorie indistinte sì scavate,
che ormäi in chesto mïo ornato rigo

rimembrano confusamente date
di momenti et ricordi ormai vani,
di sensazioni non più ritrovate;

lontane per sempre come sue mani,
ch'esse mai più sì tali accarezzerò,
che mai stesse rivedrò nel dimani.

Mai più suoi occhi 'i come prima guarderò
mai più 'l mio sguardo fisso su di lëi
et mai sue divine labbrà sfiorerò.

Quinci rimasto dei detti sensi miei
et spesso svalutato et incompreso
è 'l profumo ca sentir esso di lei

non riesce a rimembrare in core leso,
più perché non gli pote fare stesso,
di memoria et di pensero a lei reso.

Pertanto giunga da me, sì rimesso
"ecco 'l giudicio uman come spesso erra"
fortuna, fato, caso me sì presso

a conquistar sine ch'io facci guerra
'l mio penser et mia anima adesso pronta,
a vagar per sempre per tota terra,

o a permaner fermo su chell'impronta
giù sì giù da non traveder più sole
et neppure stelle od amor che conta,

et lontano da chell'astro che duole
'l core immensamente et i' non giocondo,
nell'abbisso di chi l'anima vuole

et io etterno duro, così profondo.

II – In ricordo de l'Amore

Sì rimembrando di ciò che fu prïa,
non metto pace a mei antiqui penseri;
et come se i' ne 'l core non avrïa

doglia che paragoni a cavalieri
me, stesso lasso, che son sottoposto
de 'l fato ai contigui errati voleri.

De 'l innamorarsi troppo esto è 'l costo.
Prezzo che paghi sì di lei 'l amante,
poi abbandonato modo in cotal tosto,

c' appar come, mïa anima vagante,
di oggetto usato or ostacolo per vïa
fin da toglier, da 'l suo sguardo, me inante.

Dopo ch'ebbe straziato, mi da vïa
co 'l sembrar sentimento né diverso
come se in sua anima 'l cor non avïa.

Scusando 'l fare suo, a tutti aperso,
alla mia persona, che gentil rende,
ferendomi et scusandosi me verso.

Amor, ch' al cor gentil ratto s'apprende
mi prese ella de la bella persona
che mi fu tolta: et 'l modo ancor m'offende.

Strappatami via insieme m'abbandona
con una parte di me a lëi appresso
lasciando 'l vuoto, che tristezza dona.

Graziano D'Urso
POESIE

Dona 'l vuoto, non solo 'l pianto stesso,
ma anche solitudine imparabile
da un amor, che fin' a prïa era messo.

Un amor fiorito in noi sì labile
da non aver avuto lieto fine
per voler del fato o dell'Immobile.

In süo affetto, trasportato, sine
alcun fermo i' di giù et sù mi trovai
et, sì a cotale forza, incline;

sanza poter di ribello i' sì cavai
da un impossibile più che amicizia,
un' historia ne la quale fier andai.

Ma non che chesta mi diede letizia:
se dovìa a l'amor metter l'dolore
a confronto, non vince la primizia,

tanto fu pena inflitta al mïo core.
Et quindi, si che l'Amor fu assai forte
ma non più di quantità del dolore.

Sentimento che le person accorte
videro sempre sofferto cotale,
et di chesto già segnata la sorte.

Nato già sine speme d'un finale
sin da l'inizio sapevo per certo
ch' avïa impossibilità morale;

però l'cor mio rimase sì aperto
nell'aspettar che qualcosa cambiasse
contrastato da 'l mïo pensier sì erto.

Et rimasi ad attender che portasse
gaudio presso me, chesto grande Amore
l'primo al quale glie lo manifestasse.

Così come pensai et come favore
che più stretti fra gli amici et sorelle
mi predissero vero: sol dolore!

Ma rimasi con le storie novelle
rinovellate di novella fronda,
puro et disposto a salire a le stelle.

Ah! Che fu chella historia gioconda!
Ma per evitar, su altro dir non voglio,
anche se di molto memoria abbonda.

Qui si nasconde virtù dell'orgoglio;
qui si nasconde dietro un suo sorriso;
qui si nasconde fra versi de 'l foglio.

Già fu 'l tempo che carezza 'l suo riso
per mia mano consumata pe 'l suono
andava a sfiorar sue labbra et suo viso.

I' ben ricordo, ma ero da che sono
adesso, in tal modo assai diverso
sin da capir se fu doglia o fu dono.

Ormäi, passato 'l travaglio, verso
qual luogo mi è sì destino di andare
scarso 'l sensibil et dal senno perso?

Rinovellando i sogni et affidare
a la carta ciò che fu prïa stato
non riporta l'astro meco a volare.

Gäudio, quindi, non è incontrastato
anzi, è 'l primo ad aver fine certa
più di ciò che può esser sì soffocato.

In effetti esta è la doglia più inferta
chella de la fine de l'Amor nostro
così ciò che vuose l'alta stella erta.

Amor, quinci, a quanto è 'l saper vostro
non durò sì a lungo da poter tale
esser sì definito al parer nostro.

Che resta se non 'l ricordo finale
impresso per sempre con il suo nome
dove può toglier solo l'Immortale?

Et fu chella vita che così come
i' la immaginava perfetta vissi
insieme a chell'astro quinci presso me

stava, ma forse a pensier i' venissi
mal inteso che mi portò 'l successo
tal modo se niente finor i' dissi.

Si allontanò l'astro da me stesso
sì che ricordando ciò che fu prïa
non riuscivo a veder l'futuro adesso.

Prima causa sì de la mia morïa,
se anche solo una domanda fare
sarebbe stata esta risposta mïa:

"E' sol così 'l tuo fatale andare:
vuolsi così colà dove si puote
ciò che si vuole, et più non dimandare!"

A tal risposta 'l core mi percuote,
certa in somma de la mia sicurtade;
et taccio a cotali dolenti note.

Pertanto smetto ormäi in veritade
di perseguire amore sacro et vero
et mi abbandon ne l'impronta de l'ade.

Perché il vero amore in cui i' stato ero
non si cerca, ma si trova persona,
quindi remmarrò con lo sguardo fiero

et con la mia metà parte che suona,
sì ad attender di trovare luce
o, chi davvero mi ama anima buona;

Ma se 'l mio destino vuol che mi induce
a non trovar mai 'l vero grande amore
farò sì che niente mai più mi scuce.

*Qui termina 'l mio sofferto dolore
ch'ho raccontato ne le mie historie
consapevol di aver tolto colore.*

*Tre, come le Antique Sacre Memorie
del Padre, Figlio, et Spirito Santo
la qual Trinità tengo in grandi glorie.*

*Pertanto lascio a continuar mio canto,
uno fra tanti dei grandi pöeti
ispirati al libro del maestro santo,*

*nel quale libro ho gettato le reti
per pescar la mia alta lingua libérta
che qualcun'altro sì spero ripeti.*

*Tutte ispirate da la doglia inferta,
che procura quinci a tal modo chesto
sì dedicate a la propria stella erta.*

*Già 'l mio posto è segnato, et lì i' resto.
Rimarrò tacito et anche cantando
et scrivendo con il mio polso lesto,*

*sì sapete che i' mi son un che quando
amor mi spira noto et a quel modo
che ditta dentro vo' significando.*

*'L mio nome è chello che rileggendo odo,
è un suono che sì in tal modo esso arreca
sensazion del sibilo in chesto modo.*

Graziano D'Urso
POESIE

Con attenzione et lettura sì cieca
si pote capir qual'è mïo appello
et è chello della nota esse greca.

Et allora vi allievo dal fardello
per indirizzarvi a cosa più rossa
con cheste sacre parol mi cancello:

A l'alta fantasia qui mancò possa;
ma già volgea il mio disio e 'l velle,
sì come rota ch'igualmente è mossa,

l'Amor che move il sole e l'altre stelle.

III – Memoria fulgens

Quattro àlbe 'l idi di Luglio avante
conobbi in un incontro giovenile,
postëa 'l meridian de 'l sol, calante

ormai al crepuscol, 'l cor gentile
al qual dedicài somma pöesia
da 'l animo mìo, che fù servile.

(Canto d'un' historia sì tale ché sia,
se 'l Fato vò permetter a la mente,
rimembratala non com un' eresia

ma simillima a novella dolente
la qual in se racchiuda oltre al dolore
il fortissimo sentimento ardente

cantato et nominato come Amore).
'I non pote dimenticar l'avvento
fra gli alberi et fra 'l erboso colore

de 'l prato intorno, e quel lieve vento
c'accompagnò conversazion accesa
fra noi, et è inutil che mento:

era una réunion dal Mentor resa
per coniar di ludi un tempo et un loco
lì nel cortil raccolti d'una chiesa.

'L suo arrivo fra di noi fù non poco
com se fosse da quéi tutti atteso,
com se fosse sicuro com il Foco,

ma ancora non poteva 'l core leso
immaginar leciti et i contrari,
se fui così graziato oppur offeso.

Meco portai là un de miéi pari,
'l mìo fidato cugino, che parra
per l'amicizia più frate che i cari,

convinto per speranza di caparra
di quel tal genere c'a nòi piace;
et portài pure la mia cytharra,

c'allì fù omai ch'essa non più tace.

IV – Cento versi per 8ttONerO

Senza cura d'aver alcun commento,
critica, scherno o semplice risata,
entusiasta così del cambiamento

noi fecimo la nostra comparsata.
E' fuor di dubbio nostri ricevuti,
dalla folla d'amici variegata

resici allunati e talor sparuti,
complimenti per tale esibizione,
senza tra lor pareri dibattuti.

Credemmo allor di far de la canzone
una gran sonata per il concorso,
che Aci Trezza faceva in promozione

per chi ch'aveva anni sullo suo dorso
di musica più o meno tarantella
professionista, o da can rincorso

in occasion della Buona Novella
di Settembre festività Mariana,
la domenica prima serenella.

E fu sotto così la piazza piana
Che suonammo la nostra canzoncina,
suonammo con il suono di campana,

ed alla prima ora della mattina
vincemmo la coppa del primo posto,
credendo raggiunta d'aver la cima.

La nostra felicità ci ebbe un costo:
Montan la testa e chiacchiere la bocca
andammo allor avanti a qualun costo

Senza avere di ripiego una rocca
Facendo figuraccia fuor di casa.
-"L'ora della sfortuna ci rintocca"

Fu il pensier della nostra mente invasa
Primo di tutti per la comparsata,
per la tecnica come tabul rasa,

a casa la canzone riportata,
e attendemmo di casa esibizione,
stavolta con canzone preparata.

E così che a Natale la canzone,
con la quale fummo da lì marcati
iniziale portò l'innovazione,

poi nel bene e nel male ricordati,
per la nostra novità o per follia
fummo sì avvicinati o allontanati

A discrezione ed arbitrio o simpatia
Del pubblico che fece padronanza
della nostra, immatura cortesia.

E da lì, sui carboni ardenti danza
Fu per noi, per tempi, la nostra scusa
di avere traballante la speranza.

Graziano D'Urso
POESIE

Incoscienti e impreparati all'accusa
Ci presentammo alla prima creativa
festa della scuola non ancor chiusa.

Suonando con tremarella pur viva
Facemmo quattro pezzi popolari
che fecero pubblicità cattiva;

Ma inconsapevoli dei nostri cari
Critici della nostra prestazione
che fece più rumor dei nostri pari

A marcare cattiva esibizione.
Allora difensor del nostro onore
divenni e divenimmo per canzone

Di semplice fattura del fattore,
di carattere e stile molto piano
che fece dell'anglosassone candore

versione all'italiana Celentano.
E così andammo avanti per un anno
a cantare misto inglese e italiano,

facendo più d'un semplice compleanno,
arrivando al trezzoto riconcorso.
Per non farci rivincere cangianno

Modalità che ci fu per noi un morso
Ma non tanto profondo pesante
poiché ricevemmo applausi di corso.

L'era di "Pregherò" era motivante
Ma necessariamente esser cambiata
doveva per condizio claudicante

Della nostra banda ormài formata.
Avevàm batteria chitarre e basso
la voce non fu mai talor mancata

Ma per la precisione solo un passo
Ci mancava per raggiunger la forma
per un musical gruppo non più basso

Che lasciasse finalmente la sua orma
Ad Aci e tutt'intorno l'entroterra
per svegliar ancora chi in giro dorma

E per far salir noi da sotto terra:
Fu per noi che fecimo Novembrata
maturando sì come in una serra,

con la nostra immagin sì divulgata.
Poi di lì a scuola ci preser per scemi
quando nostra scemenza fu spacciata

A suonar pezzi dai sbagliati temi,
ma in fine ci fu 'l germe cambiamento:
sicché riuscimmo a passar pur Niscemi.

Utilizzando un piano per momento,
Capimmo che problema in vero c'era:
non era preciso nostro cambiamento

Poiché in vero serviva la tastiera.
Diventammo così cinque elementi
dalla definitiva forma fiera,

senza ancora smetter digrignar i denti.

V – Tria Maxima

A l'epilogo de me' studi giunto
Convenni finalmente a edificare
un discorso qui iscritto per l'appunto.

Trattasi tale dell'interpretare,
in queste poche rime concentrato,
'l tedesco classico filosofare.

Il pensiero c'ad oggi ho studiato
Unifica in un convenzionalismo
il parer di un dialogo perdurato

Nei secoli a partir dal classicismo,
al Medioevo e pur alla scolastica,
con Hegél concluso ad Idealismo.

La soluzione di realtà fantastica
Sta sì nel comprender alcuni temi
dalla "psicologia alla politica"

accostando ai filosofi supremi,
Alcuna triadica articolazione
che unifichi i tre Massimi Sistemi.

Di Johann Fichte è in considerazione
La coppia di sistemi possibili:
Dogmatismo in astratta convenzione,

Ed idealismo dai percepibili,
anche seppur con teorici elementi
ma sì al suo parere più plausibili.

Graziano D'Urso
POESIE

Colpendo subito alle chiare menti,
"Del filosofo la scelta" egli disse
"sta nel sacrificare permanenti

L'autonomia del l'io affinché perisse,
Col dogmatismo per così schierarsi,
porre oppur in alternativa eclisse

La cosa a favor dell'io nel suo farsi
Per così l'idealismo sostenere
e del Noumeno in fine liberarsi".

"Poiché l'idealismo sì va a cadere
Nell'io per poi spiegar cosa od oggetto
solo in questo concetto trattenere;

Viceversa il dogmatismo al soggetto
Arriva partendo dalla "in sé cosa"
rispiegando dal Noumeno il concetto".

Sicuramente più compreso è in prosa,
Ma Fichte confuse cosa e divino,
cercando tesi che miglior si sposa.

Dio e cosa nel "non-io" in suo pensar fino
Convocò sì e facendosi infedele
Rispetto al pensiër del sopraffino

Nato a Koningsberg, Kant Emanuele.

VI – Chiù valuri a nostra Trizza

Mi dissiru cettuni ca na vota,
'ccani, unni nuatri semu a 'pparari
n'da zona di scogghi e tera trizzota

ci stavunu cetti uomini di mari,
di munti, di ciumi e regni luntani
ca i storî 'i cui, fan'i canni arizzàri.

Siculi 'ccu sicilioti e sicani,
arabi, turchi, spagnoli e francisi,
greci, bisànziu e macari rumani,

i tedeschi cu amiricani e i 'gnlisi.
Mi cuntaru co' paisi avja autru 'nnomi:
u primu popul "Sifònia" ci mìsi;

u secunnu u chiamanu annunca comi
n 'ciumi ca s'attruava sutt'a Reitana,
friddu assai e veramenti ranni, comi

"Ciumifriddu", calannu d'a muntana:
"Akis" precisamenti mi cuntàru,
c'appoi fu cummigghiatu di na frana.

Accoluvoti n'giru mi pigghiàru?
"Akis? A 'cchi stati 'ncucchiannu docu!?
M'allinchisturu a testa paru paru:

Graziano D'Urso

POESIE

A Trizza ju canusciu e non ci jocu,
ci travagghiu, e c'haïu figghi nichi;
non m'interessa chi fu na stu locu,

non mi 'nciammu di storî di l'antichi."
Chiss'è zzoccu ci rissi di nivvusu,
nficcari non mulennumi ne ntrichi,

accussì comu quann'era carusu,
e travagghiannu, ma non gnennu a scola,
d'ascutari e sturiari pessi l'usu.

Mi ni pintì a diri da parola
cunfidannu cu vuatri a virità,
ma manciannu, cariannu a cariola.

Mi cuntaru di rossi rarità,
di scogghi culunnari millinari:
biddizzi naturali n'quantità!

Mi cuntaru di cosi di 'nzunnari:
fozz'e teremotu intr'e faragghiuni
focu da muntagna sutt'o mari,

scinnenuci e acchianannuci assaiuni
arricchennula accussì 'i meravigghi.
Mi dissuru ca 'a Trizza era Cumuni,

co' Sinnucu, i riunioni e i cunsigghi,
libera com'u volu di n'aceddu,
senza vinculazioni e mancu brigghi:

era ricca c'un palazzuni beddu,
e jèra chiù puntenti da Catina,
macari sutta avennuci u Casteddu!

U chiù mputtanti pottu da marina,
canciannu ancora nomina na vota,
fra pitrazzi, di scogghi e m'pochi 'i rina,

puri scrissuru na storia assai nota:
Verga Giuanni de vicenni scrittori
d'a disgraziata famigghia trizzota,

fu u secunnu appressu u grecu äutori:
Omero ca cuntau gesta di Ulissi,
e scucchiannuci a Polifemu u cori.

Ascutannu ju sti paroli rissi:
"Ata scusari si mi fici bruttu ,
puri a lignuazza cascari m'avissi,

ma cuppa mia non'è si sugnu cuttu
di l'amuri pi chissi 'nfummazioni!
Nuddu pe putenti ju ca arisuttu,

cui macari s'acchiappa pe' gettoni
ma si facissuru na valintizza,
apparicchiannu beddi istituzioni,

non pi mangiarisi i cristiani a pizza,
ma scoli e musei pi sti canuscenzi
dassuru chiù valuri a nostra Trizza,

arricchennu di tutti li cuscenzi!"

VII – Scogghi d'a Trizza

A pparàrini pi lla prima vota
fu 'ncertu Stefanu lu Bizantinu
ariulannusi c'a costa trizzota;

di l'assai nìuru locu marinu
chinu di li scogghi arsi di lu focu
sturiau macari 'mputtanti parinu.

Patri De Maria misi 'nda stu locu
di "Acis Laterizia" u nobbili nnomu
e non ci si sbagghiau mancu di 'mpocu,

picchì lu geografu lu chiamau comu
'nmunti di lava misu nda l'Africa:
"Aterium", di cui "Aterizia" lu nnomu.

"Abbruciatu" a parola significa,
comu li scogghi niuri pari pari
ca 'mpugnu di di carusi s'àddica

a farini tesori millinari
attàgghiu di lu vecchiu vaccalòru,
ca su i rari basalti culunnari.

Ma prima di scuprìri stu tesoru
docu era sulu scogghi 'ncimintati
e nuddu capeva ca 'nveci era oru:

da, unni motoscaffi 'nfrasciamàti
appizzaunu a bedda taliat'e lussu
china 'nveci di vacchi culurati.

Graziano D'Urso
POESIE

Rapìti u 'ntellettu cu stu riscussu,
ca a Trizza n'è d'a to e mancu d'a mìa:
cu a voli pigghiari si stuiassi u mussu;

è di tutti ca 'ndo cori l'avìa,
è di cu c'havi sintimentu veru
è di cu non si ni iss'i cca mai vìa.

E ju vu ricu ccani appidaveru:
Rissuru a cu i vuleva puliziari
"Ma tu c'ha pinsatu mai o cimiteru?".

Chi "belli" cosi c'ana addumannari
I facci 'i scogghiu ca s'arrisicaru
A sti ricchizzi'e museu ad ammucciari!

E macàri a vinnìci ci sculàru,
rùggia e i fitinzî ittannucci a munnizza,
e àutri macàri unu ni tagghiaru!

Chistu è 'mpostu di vera biddizza,
non si tratta 'e coculi e mazzacani,
chissi ca su i rari scogghi d'a Trizza!

Senza "scanzatini" e "mancalicani"
non su cutilisci nè cuticchiuni:
annunca su i chiu rari scogghi italiani!

Di chisti ci nn'è pi tuttu u cumùni,
e m'addumànnu com'è ca a cu spetta
ancòra ci si cunnùci assaiuni

a far na ranni istituzioni apetta
non sulu a tutti i turisti d'o munnu
ma chiossai e paisani, e ca ci metta

'ndi la testa, 'nficcatu fino o funnu,
c'ama teniri com'a nostra casa
stu monumentu ch'è pizzutu e tunnu,

naturali maravigghia pivvasa,
di sapìri, di storia, e di scienza,
ca tutta a gioventù ni è pissuasa!

Si facissuru préscia 'nda cuscienza,
a livarisi do 'mpegnu ca c'hanu,
debitu aspittatu cu la pazienza,

e fari comu lu munti africanu,
a fari canusciri a tutti pàri
u chiù scuru d'o mari sicilianu,

e tutti ponu veniri a taliari
"Aterium" o "Laterizia" o "la Trizza"
comi egghié ca tu idda la vo chiamari

ca è duci matri ausu na carizza,
è casa pi cui ccani ci su nati,
è sempri ancòra a chiù ranni biddizza,

lassa tutti i turisti 'nnammurati!

OTTAVE

I - La quête del senno perso

*Riprendo da dove 'l lettor volesse
se continuar a saper di mei pianti.
I proseguo: per chïunque legesse
di trovar di me adesso et non inanti
noia nel mio cantar, volendo potesse
anzi chiedo, i stesso nei mei canti,
di non perder tempo a vöi pretioso
p' udir mio racconto a me doloroso.*

*Sicuramente seguiràn mei versi
voi ch'avete l'intelletto d'amore,
c'al cor gentil rempaira sempre persi
i suoni di quel travagliato core,
che scrive con verbi remoti immersi
in attuale loquo, per non dolore
far capir a chi di vero ebbe 'l primo
detto solo a lei et, quindi i adesso rimo.*

*Chi non legga et decida di non farlo
massimo rispetto trova presso me.
Colui o colei che reputa non darlo
a me nel legger chesto pianto com'è,
non intellege di che adesso parlo
per chesto dico esto mio tempo no m'è.
Chiunque mi voglia intendere, intenda;
inizio dove memoria rammenda:*

Graziano D'Urso
POESIE

A vagar per sempre per tota terra
o a permaner fermo su chell'impronta,
stremato ormai chel corpo solo ch'erra
per terre et per mari, che più non conta
se fosse vivo o morto, 'l core serra
et non presto innamoramento monta,
per ingiustizia che al cor subìto
tanto che mai orecchio sano ha udìto.

Che mai ha udìto non è in sicurtade;
forse più di me han sofferto tanti,
ma i' rimembrando di chella beltade
i lumi, le mani, non più ora inanti,
e 'l profumo nell'aere in veritade
mi pare che solo io di tanti amanti
sofferto assai, che vecchia rima cita
perdevo o 'l senno o perdevo la vita.

Se la vita non ho perso et son vivo
motivo dev'esser per salvataggio;
io ringrazio che son qui tutto schivo
da pericol, se non si fa coraggio
'l Fato a compier ciò che nel passato i' vò
e adesso mi prende nero vestaggio
et termino ancor prima di partire
mio canto per veder com' a finire.

Com' a finire, io canto, non saprei
perché non ho perso vita, ma invece
credo di aver perso senno io direi.
Forse era meglio trovar color pece?
O forse meglio dimenticar, vorrei
dire, lëi che 'l più dolor mi fece?
Follia mentale m'ha raggiunto ormai,
più non rimembro, più non capisco mai!

Non capire è la più brutta cosa,
o sua di non veder il mio soffrire,
o mia che feci ciò che nessuno osa.
Quindi meglio il silenzio che patire
pena dura, aspra et sì dolorosa
che sarebbe meglio talor morire.
Accennai dove mi trovo a raccontare,
n' quel loco che fa sempre seguitare.

Seguitare ciò ch'è desiderato,
cogn' om cerca et mai trova, se non altro,
che nessun sen non pochi han trovato
et forse di chesti solo il più scaltro.
(Chi più ama non è mai sì tanto amato
da raggiunger equilibrio, per altro
è più facile che perda ciò che ami
che 'l disio di te s'innamori e t'ami:

se t'ama, mai sicuramente stesso
si prova egualmente da raggiungere
equilibrio). Per chesto canto adesso
a voi che nell'intelligire e audere
state attenti at cercar dove sia messo,
nascosto, o perso per sì prentere
ch' a scambio di vita ora persi inante;
et son dunca nei palazzi d'Atlante.

Chei palazzi situati in profondo
loco, et nascosti da le alte mura.
Mai più io raccontar in modo giocondo
et soprattuto sine gran premura
tanto nessun pò riportar al mondo
me, più che la sua inante bravura.
Ma tanto in vista che lei non sì faccia
mi metta a raccontare, se no che io taccia!

A raccontare ora di mei gran sogni
per me non lenti, di ciò che fu stato
et che mai doveva essere per ogni
om che vive et ama et fu innamorato
di donna che ha procurato sogni
più di quanto amore fu nel cantato
da far cantare con tutto l'dolore
del più grande, alto, et dolce amore.

Amore, che se troppo amato, dona
un dolor, che sembra non voler morte
di se, ch'a nullo amato amar perdona
mi prese nel suo piacer sì forte
che come vede ancor non m'abbandona,
ma poi giunge sempre la dura sorte.
In realtà di nostro mondo mortale
non c'è la magia d'amor così tale.

Magia et amor etterno non esiste.
Chi di vo' cortesi cavallier voglia
smentir con una tesi che resiste,
o donne gentil, spiegatione spoglia
da opinioni a rëaltà insieme miste
per placare, o contraddir la doglia,
fatevi sì avante sine timore,
o vince 'l amor, o vince 'l dolore!

Lo stesso dolore che ha portato
via il senno et per sempre ha condotto
me nell'averno et mi ha procurato
non sol una dimora giù, là sotto,
ma anche un solco nel core sì straziato
incapace ormai et così tutto rotto.
Se bastasse per finire solo un cenno
ringrazierei, pe 'l mio trovato senno.

Quel mio senno che si trova cogl'altri
perso, nascosto da dubia fortuna
in un'ampolla per sempre. Ma 'l altri
non le hanno ritrovate tranne una,
dove son quelli de' cavallier scaltri
in sul quel luogo sì chiamato luna.
Forse io come lui possa ritrovare,
avendo solo chi ivi va ad andare.

Chi ivi vada ad andare non c'è presso me,
non esiste om capace a risalire
inferno, purgatorio e in fine (come
'l maestro ivi raggiunto lasso et dire
passato 'l empireo dall'alto Nome)
giunto dalla luna, et poi venire
a portarmi nuovamente riavuto
'l mio senno distrattamente perduto.

Et dopo che sì abbia dal mio mastro
preso 'l dolce stilo, ed'altro invento,
perduto, quinci, dopo che chell'astro
presomi nel mïo alto sentimento,
in quell'alba, c'ha dato via al disastro
non rimase altro che un gran tormento.
Et c'è speme tra di voi che i' adesso
del mio cantar infine lasso cesso.

Pertanto la quête del senno perso
è un'utopia, che non sol incerta
per raggiungimento alla luna verso
ma anche perché via non è aperta
a mortal co' me a veder ciò ch'è terso,
o a uscir a riveder la stella erta,
che mi bastasse solo un suo sorriso
per, sano, riposar in paradiso.

MADRIGALI

I – Sursum corda

Sursum corda! Con gli strumenti nostri!
Facciamo rivibrar per tutta l'aria
e che nessuna mano sia contraria,
o suonando per i parenti vostri,
o amici, spettatori o per compagni,
affinché sempre musica accompagni
la nostra giovinezza rallegrata,
si che la vita di tutti sia beata!

II – Forma mentis

Conosci te stesso prima di fare
di te un vero virtuoso musicista.
Non basta possedere a prima vista
uno strumento nel particolare,
ma bisogna modellare la mente
ad una forza così travolgente
da fare di quest'arte delle dita
vera e sola energìa della vita!

III – Mens sana in corpore sana

Che fa di un uomo un vero musicante?
Che fa, dopo di questo, un musicista?
Ci sarà forse d'istruzion una lista?
Credi forse c'ogn' essere pensante
avendosi studiato la ricetta
diventi un grande virtuoso in gran fretta?
Esercizio, allenamento e rigore,
per mani, per intelletto e per cuore.

IV – Errare humanum

Non disperare mài per un errore,
se si è davanti a qualche pubblico,
per un motivo pratico o tecnico.
Dispera invece con tutto fervore
facendoti assalire dalla paura,
se alla musica non concedi cura!
Il peggior crimine che si va a fare
anzi sbagliare, è perseverare!

V – Sapere aude

Che abbi il coraggio di conoscere!
E' 'l tuo primissimo comandamento,
fuor di dubbio per il miglioramento.
Studiati tecniche se vuoi crescere,
impara canzoni, comprendi testi,
ricerca! E nello scibile investi.
Proietta la tua anima nel sapere,
e mai di comprender devi temere!

ODI

Graziano D'Urso
POESIE

I – Alla Musica

Soave è il nostro lasciarci trasportare,
Come da un vento leggiadro e leggero,
Al suono di mille e cento fanfare
Così tutti in corsa con sguardo fiero
Noi tutti con il valore inedito
Negli ampi fiumi del nostro spirito;
E' come un po' volare
Questo effetto donatoci da Euterpe.
La si va ad elogiare
Questa bellezza che giammai sia turpe
Tramandataci dai geniali maestri.
Lungo le fila dei pini silvestri
Concorrono le nostre,
modellate e riflesse nel pensiero
depurate l'anime,
Ch' albeggiavano mostre
Di canzoni consonanti più al vero
Tra le più simillime.
Sì la musica dolcemente culla,
tutti coloro ad essa abbandonati
Ricordando all' interminata folla
Com'essa l'accompagna già da nati;
Quando le madri in fare dolcemente
Cantavan la nenia sublimemente,
Serena e caramella
Sul seno della madre così forte.
Sì forte e più che bella
L'immortal c'accompagna la consorte
Così la musica e la poesia stanno.
Pur sempre e dovunque, anno dopo anno.

Graziano D'Urso
POESIE

Tutta l'arte regnano
per mezzo degli artisti adoperati
con tutta la fervente ispirazione
e natura plasmano
lasciando gli spettatori incantati
come può far la miglior orazione.
Questa musa dai mistici poteri
Innalza gl'intelletti al dolce senso,
Istruendo a bellezza oggi più di ieri.
Questa la Musica, convengo e penso
È colei ch'è studiata come scienza
Fruita come arte per l'intelligenza,
In tutti li quartieri
Prodotta come secolare opera
Che qualche d'uno speri
Non si assopisca anzi si rigenera
Più forte d'ogni grande resistenza.
Capace sì di creare alla parvenza
Che venga sempre intesa;
Come l'Amore che, seppur immenso,
racchiuso nella mente d'un sol uomo,
sia genialità resa
tra le nuvole ed i vapor d'incenso
tra i canti gregoriani di qual duomo.
Per la sua dolce o cruenta espressione,
Per la capacità innata d'istruire
Con straordinaria fonte d'emozione,
Per la rara importanza del sentire
Con l'elegantissima sua imponenza,
E per la squisita magnificenza,
O come un'invenzione,
O come reminiscenza divina
E' in considerazione,

Anche se da per sé sempre cammina,
Arte e dono sì innato e naturale.
Dispiegazione pura e razionale,
e così tramandate
lei e la poesia nel tempo ad elargire,
con questa conoscenza superiore,
tutte le sussurrate
musiche che nel tempo da carpire
sono poste a immortal dimostrazione.
Bellezza libera e giudizio puro,
E' sì assoluta ed universalmente,
Salda nell'intelletto più sicuro,
Lei apparsa come spontaneamente
Vera e propria Natura rigogliosa,
fiorita nella sua virtù festosa.
E' chi talento puro,
Tramite la natura vada a crearla,
E In modo più sicuro
La cristallina musa ora a noi parla!
E qui con lo spirito s'armonizza;
Tra l'ispirazione che in' ogni piazza
Mentre lì chiunque passa
Cantar fa agli uomini allegramente
La conscia esecuzione fantasiosa
Che inibisce la massa
Ed al suon di tale opra dolcemente
Chiunque anche non magistralmente osa.

II – XV Agosto

Lungi il chiaror al calar della notte
De la luna così fatta lontana;
V'è al dì la tramontana,
Curiosa fluisce tra di noi assopiti
Sulla piaggia distesa.
Coi pari lì a trovar gioiosa intesa
Intorno al dolce fuoco,
Morbidi si è, tra tessuti in lana,
Avvolti e infreddoliti.
Senza aver eluso giocose lotte
O favelle alcun poco.
E' *la volta puntiforme e stellata*
A farci da fraterno e mirabile
Tetto rischiarabile.
Soli e circondati dai nostri stessi
S'è in estiva nottata,
Ove ogn'anima pùera liberata
Disinibita parte
Nella corsa verso l'acqua immobile
Lasciando sempre impressi
Nella marinara memoria data
Passi d'opera d'arte.
Il sacro mare in allegra musica
Col suo frusciare d'onde sulla costa
Che lì è e sta sempre posta
Accompagnata dal vocio vicino,
Dal ligneo scoppiettare,
E da qualche chitarra in suo suonare.
Si veglia in sonnolenza
Per conceder alle menti una sosta,

Ed al cor sopraffino
Una lauta ispirazione poetica
Dalla dolce valenza.
Dopo gioia festosa della sera,
Alla lucente mezzanotte giunta,
Nel cielo sono in punta
Tutti i color de fuochi d'artificio.
Corre la folla insieme
Verso l'oscuro che nessuno teme,
Verso il tenebro mare,
Verso l'eccitante ed in fin raggiunta
Acqua fresca che auspicio
Sta per la caldissima estate intera,
che vita a rinfrancare.
E così tra le chiacchiere s'aspetta.
S'aspettano le prime luci bionde
Provenienti dalle onde,
Dietro il mare ed anche oltre l'orizzonte.
Scompaiono le stelle,
sì cristalline luccicanti e belle;
Ci ricopre la luce.
Sorge d'arancio dalle chiare sponde,
E l'antistante Monte,
anche ad esso s'illumina la vetta,
E al dì ci riconduce.

III – Risveglio

Avvolto a una tale sacra atmosfera
Mi ritrovo ai miei sensi,
Dal sonno accompagnato.
Si sta poggiati in attesa e in pace,
lì ancora semidesti.
Disteso in una naturale conca
Scavata nella roccia del vulcano
In fondo alla caverna
In prossimità il mare.
Chiusa, e confortevole sospira
I dolci venti di onde marinare
Accompagnan frusciando
Lo scorrere dell'acqua nella conca.
Si riempie la mia vasca di basalto,
Con piacevolissima,
Cullante e calda pioggia.
Morbida mi travolge e delicata,
Scivola lei sui marmi e sulla pelle,
E così pian mi desta;
Corre dalla conca all'entrata grande
Una sabbia più chiara,
Arrivando dalla piaggia del mare.
Rivolgo la mia destra a tale luce,
la mia sinistra al tiepido sgorgare,
Ed intravedo versi
Di luce sulla negra ed irta roccia,
Rifratti azzurro e verde.
Respiro fragranze,
Profumi e odori di piante e cortecce,
Sali e dolci saponi.

Benedetta tale falda termale,
Benedetta sia Ancora!
Mi rilassa e ridesta
Tale culla in tutta la mia figura,
Mi trascina al mattino dolcemente
E spesso non c'è meglio
D'avere nel suo farsi
Un così meraviglioso risveglio
Dal quale levigarsi.

IV – Consumismo

Un nuovo culto, un'altra religione,
oggidì pur si professa:
superandole tutte ne è la negazione,
ovunque è più che ammessa.
Addio alla carità, alla beneficenza,
addio alla pietà, alla continenza.
Il rifiuto è della condivisione,
e l'adesione all'aberrante tributo.
Una confessione universale
è con templi ubiqui,
sacerdoti d'ogni rango,
riti d'ogni guisa.
Devozione allo spreco,
adulazione del lusso,
bramosia è della ricchezza,
e virtù ha sacrificate sulle are del vizio.
Per la parsimonia non è più il tempo,
per il dono non c'è più cuore
per gli altri déi non c'è riparo,
cadendo illuso pure l'ateismo;
affermatasi oggi è più che in ognitempo,
cieca e sorda all'altrui dolore,
l'adorazione dell'onnipotente dio denaro,
con i suoi fedeli votati al consumismo.

CANZONI

Graziano D'Urso
POESIE

I – Tempesta

Romba continuo il cielo
E risponde la terra,
Davanti frigge la pioggia c'atterra
Oltre, sobbalza con fragore e zelo.
Grigia ovunque uggiosa par la giornata,
Generosa di pesanti aghi d'acqua
Paesane vie risciacqua
Per costa frastagliata;
Martellano le gocce
E scuotono palme,
Anche le colline più verdi e calme,
Ventosi alberi, case, statue e rocce.
Urla il vento che pesante è la pioggia
Grida il pozzo dal suo sonoro collo.
Perde l'uomo il controllo
E la dimora alloggia.
Da sé fa la Natura
Per sé lei sempre agisce,
O che la vita per noi ammorbidisce,
O che la mortale fermi immatura.
Percuote l'aria una assordante luce,
Sbianca fulgente i tetti l'aspro boato
Intona l'antenato
E le tenebre adduce.
Nere nubi note
Figure bianche innate
Disegnano delle altrettanti immote,
Immaginazioni disincantate.

II – Alla poetica patria

Stanno tre rocce a difesa negli anni:
Albeggia fresca anima anche d'estate
Che risplende a festa di fiaccolate;
Risuonano pur le contee accostate
Al paese della pescosa fierezza!
Segnata dai marinareschi affanni:
Separa dalla costa la collina
Che al crinale ad essa ci s'inclina
Ed alla Lachea gli occhi s'avvicina;
Tale risplende sempre di bellezza!
Sta a patrono Battista il San Giovanni:
Sono i pellegrini da ovunque e i buoni
Pregano il Santo con canzoni e suoni,
Mirando al quando gli alti faraglioni
Della mia poetica patria Acitrezza!

III – Isole Ciclopi

*Fu Mitologia e Storia
Nei tempi e ne regioni
A farne conoscenza.
Danno sempre onore e gloria
Per tutte le ragioni
E per l'appariscenza:
Han suggerito il nome
A terre e soprannome
Per gente conoscenza.
Proteggono 'l villaggio
Da venti e mareggiate,
In stagione invernale.
Dallo scalo di alaggio
Partono barcheggiate,
Che in Luglio non fan male.
Son poche ma importanti
Minute ed eleganti,
oggetto di giornale.
Parte ad arcipelago,
Con casa e castelletto,
L'isoletta di Lachea,
Che come sarcofago
Come meglio o bauletto
Come terra quella Achea,
Racchiude sì pesante
L'impronta del gigante
Verso oriente e la moschea.
Ed oltre alla sua grotta,
a quella d'eremita,
al museo e al rosso geco,
mette paesani in lotta*

per il diritto in vita
di farne l'acceso eco,
o orgoglio culturale,
per studio provinciale,
credendo sia uno spreco.
Impéra d'imponenza
Tra lì e l'azzurro mare,
il faraglione grande;
Rifulge alla parvenza
Per chi sta a navigare
Nel mare che s'espande;
Coi marinai al remo
Tra Ulisse e Polifemo
Le storie memorande.
Innalza nostra Madre
Statua mirabil bianca,
Da scale è lei raggiunta;
Dalle linee leggiadre
La roccia in cima sbianca,
che dal fondale giunta
vulcanica eruzione
chiamato faraglione
formata sì presunta.
Seguono i più piccoli
Casa di tanti uccelli,
Riparo a pescatori.
Scogli a tanti boccoli,
Del villaggio i cancelli
Nei più alti stanno i fiori.
E Chiudono il paesaggio
La costa del villaggio,
Meta di tuffatori.

DEDICHE

Graziano D'Urso
POESIE

I - Ad Emanuela

Rosea E Candida d'Estate
L'anima, D'acceso Ardor,
È, De La Mia Vita, Lei.
Passion In Un Sol Cuor
D'immagini Donate
C'altrimenti Non Avrei.
Non In Una Vita
Non Già Nell'universo
Nessuno Mai,
Nessuno Mai Potrà Riuscir
Con Un Sol Verso
C'anche In Paradiso È Assai
Descrivere Così,
O Cogne Lettera Sentita
La Sua Beltade
Che Dell'Eternitade È Luce
Con L'amor Che Solo Lei Che Più Conduce.

II - A Francesco

Sì giovane posato poeta innanzi
E' dal giusnatural filosofare
Votato alla lettura dei romanzi
Il bassista che di ch'è sta l'affare.
Confermato a proposta che s'avanzi,
di chi invidioso vuolsi accaparrare,
colùi che della mente fa emporio
ch'è 'l nobile Francesco Di Gregorio.

III.1 - Musica

Non è altro che quell'incessante
intenzione dell'imperituro Assoluto
di manifestarsi a quell'essere finito
che è l'uomo, d'essa sempre amante.
Un' infinita epifania intangibile
ma straordinariamente intuibile:
un brivido ch'attraversa lo spirito
dell'intera ed infinita umanità,
uno sguardo d'estasi sublime
verso la fulgente empirea immensità.

III.2 – Musica

La voce del Creatore
ha il nome d'Ëuterpe.

IV - A Rosa

A Maggio, in piena primavera,
per cause che più d'un contestare osa
il tuo dolore si è in fine sopito;
e, di un amore di madre sincera
sì ricordata come una candida rosa,
il tuo spirito è delicatamente fiorito.

V - Ai danzanti

Quegl'etterni amanti,
danzanti nell'infinità
ogni loco ornando
condividon lo stesso cuore:
son due ineffabili regnanti,
il Creator e l'Umanità;
e, all'orecchio sussurrando
qual soavi frasi d'amore,
l'Un all'Altra dedica,
quel che noi chiàmiam Musica.

VI - Alla Marea

Il rinfranger de' flutti sulla riva
sviluppa un'energia naturale,
ch'è epifanïa de la giöia viva
di quella volontade universale,
che de l'eternitade è l'armonia
d'un'emozione disarmante, tale
che son solo la Musica e Pöesia.

VII - U z'Araziu "Cianni"

Na vita sana consacràta 'o mari,
scinnenu da naca cu li so peri,
travagghiannu sempri cu tuttu u cori,
'mparannusi u misteri 'i piscatùri:
'mbaccatu 'gnonnu arischiau d'anniàri,
u sabbàru trizzoti e furastéri,
ciccatu 'i naviganti e vaccalòri,
e attruatu i ringraziau cu tantu amùri.
Addivau e maritau lì cincu figghi,
vosi bbeni a so famigghia e o so paìsi,
canasciutu assai po so cori ranni:
e 'gnonnu na du mari 'i meravigghi,
unni tutta a so vita iddu ci misi,
saziu, si nni ìu u z'Araziu "Cianni".

VIII – Estate 2014

Presto pioggia vieni,
e ti prego lava via
tutte le amarezze
di questa lunga Estate.